Gotitas de Popsía

Poesía Pop

Sol Villaseñor

iUniverse, Inc.
Bloomington

Gotitas de Popsía
Poesía Pop

iUniverse books may be ordered through booksellers or by contacting:

*iUniverse
1663 Liberty Drive
Bloomington, IN 47403
www.iuniverse.com
1-800-Authors (1-800-288-4677)*

ISBN: 978-1-4502-9811-7 (sc)
ISBN: 978-1-4502-9812-4 (ebook)

Printed in the United States of America

iUniverse rev. date: 4/26/2011

Para ti Señor de los talentos
por tu maravilloso
sentido del
humor

Índice

Prólogo

Crecí en un pequeño pueblo de Jalisco, México llamado Tuxcacuesco, y soy una de las afortunadas que necesita escribir para vivir.

Digo afortunada, porque de alguna manera exorcizo los malos pensamientos a punta de palabras, y también escribiendo revivo los momentos bellos.

Y es que no pudo ser de otra manera porque crecí en las tierras que algún día describió Juan Rulfo, teniendo de musa su mismo *Llano En Llamas*. También porque de niña en mi casa no había tele ni en el pueblo biblioteca y la vida era aburrida en todas partes menos en la escuela, donde gracias a Dios había maestros maravillosos quienes me enseñaron a leer, a escribir, a pensar, quienes me regalaron mis primeros libros de poesía y celebraron mis primeros versos.

Poco antes de los quince años emigré a Estados Unidos. Obviamente cambiaron muchas cosas aparte de mi posición geográfica. Nuevo país, nuevo idioma, nuevos amigos, y un despiadado cambio hormonal que me convirtió en mujer en poco tiempo. Sin embargo, lo que nunca cambió fue mi amor por la palabra escrita.

Por eso bendije a los dioses tecnológicos que nos trajeron el Internet y con él los correos electrónicos y el cyber chat, porque nos permitieron volvernos a mandar cartas y recaditos como lo hacían nuestros abuelos. Con esto nos ayudaron a saber lo que se siente colgar de una palabra y suspirar por una frase recibida.

Otra vez la gente se escribe para enamorarse, para pelearse, y bueno… la gente se escribe ya para cualquier cosa.
Entre los jóvenes especialmente, los correos electrónicos, los blogs, y los mensajes de texto se han convertido en los métodos de comunicación más importantes.

Pero a pesar de todo este bombardeo de palabras, me he dado cuenta que la poesía no tiene el mismo auge que otros géneros literarios. Contrario a lo que vivieron nuestros antepasados que consideraban a la poesía no solo como un medio de expresión artística, sino como el último escalón en la escalera evolutiva del lenguaje, muchos en la actualidad no leen poesía porque la consideran aburrida y arcaica.

Con este libro de popsía o poesía- pop como yo la llamo, pretendo demostrarte que la poesía puede ser ligera y digerible. Porque la poesía la puede escribir y disfrutar todo el mundo: el niño y el anciano, el pobre y el rico, el ignorante y el erudito, el populacho y los del montón que no quieren ser del montón.
Mi intención es también animarte a que le des una oportunidad a la poesía, y que si te gusta lo que escribo (y con más razón si no te gusta,) sigas leyendo a otros poetas.

Te regalo mis poemas para que los disfrutes y los sufras, para que los compartas con los que amas, y también con los que odias, o simplemente para que guardes mis palabras para cuando las necesites.

Sol Villaseñor

De amor

Abreviando

Esta noche abreviaré todo el amor que te tengo
en un abrazo tan desnudo y fuerte
que te quiebre el alma.

Dije quiebre ¿te fijaste?
hablando del cual te digo lo que sabes:

que tú eres mi punto de quiebre,
mi talón de Aquiles,
mi distracción favorita eres.

Y si me distraigo cuando me hablas,
y tú no me escuchas como quiero que me
escuches,
descanso tranquila al saber que las palabras
contigo y conmigo salen sobrando,
por la puerta avergonzadas,
cuando me miras y te miro
y siento tu mano debajo de las sábanas...

Amor Azul

En esta playa creciente de tierra ardiente
que viene siendo últimamente mi alma,
se están calentando lentamente
al ritmo de tu vaivén las palmas,
del millón de cangrejos que te aplauden,
de miles de pulpos que te aclaman,
con sus manitas todas resbalosas,
escribiendo en tus olas lo mucho que te aman.
Que te amamos mejor dicho — siendo muchos—
por tu enormidad, tu galanura,
tu frescura, tu poder,
por tu inmisericorde fuerza.

Ser azul,
que vienes y vas sin decidirte,
mareando corazones
con tu salado olor a redes
y tus caballitos galopantes,
me tienes a tus pies.
En mí tendrás un servidor,
un fan, un fiel pelele,
un humilde molusco que se entrega
sin reservas,
sin armas escondidas
y sin caparazón.

A Rubén

Hay un pequeño precipicio desde tu ausencia
hasta tu regreso
que me separa el alma.
Sin embargo, todo se arregla a la vista de tus ojos
infinitos
y el profundo hoyito en tu mejilla.

A medida que te conozco crece mi amor hacia la
vida,
y mi respeto por todo lo que es móvil.

De tí he aprendido
que es tan interesante un gusano
como un cohete espacial.

¡Cuando sea grande quiero ser como tú enano!
que nada te tomas en serio
y disfrutas la vida como te viene:
en gotitas de sesenta segundos a la vez.

Me pregunto cómo te cabe tanta sabiduría
en solo cuatro años.
Yo a los veinticuatro todavía no sabía amar.
Gracias a Dios que te conocí.

La primera vez que me viste,

ojos negros, mirada profunda, ensangrentado,
me dio miedo el pensarte eterno,
sino para el mundo para mí…
mucho miedo.

Compás

Tengo un corazón dividio en diez parcelas,
con incontables hectáreas sembradas de
experiencias agridulces,
de tierra mojada y fértil.

Llegas y me golpeas el alma con un beso,
me sabes a café y hueles a ternura,
me sellas el alma de pasión y yo me dejo
y te amo,
con la fuerza del lobo que se rinde,
con furia de paloma descubierta,
vulnerablemente frágil
inquebrantablemente débil.

Amor, nunca te vayas.
No existirá un compás que sirva
si lo hicieras.
Eres mis cuatro puntos cardinales,
mi sentido de dirección, mi casa.

En ti me encuentro a salvo
del mundo, de mí misma,
en ti amor,
el tiempo es un espacio que no pasa.

Esto No Es Un Sueño

Solo tú conmigo, sueño.
Montados al viento, ceñidos de sol,
bañados de oro, de mar,
de piedritas brillantes de sudor y sal.

Sola yo contigo, duermo.
Meciéndome lento arriba de tu cuerpo,
sembrándote a prisa
millones de besos.

Éramos dos si mal no recuerdo,
ahora somos uno y esto, no es un sueño
me digo o te digo, mientras pienso:
que en ti nunca termino, siempre empiezo,
empiezo a amarte más
que la última vez que sentíamos esto.

Contigo no me voy, no me vengo.
Contigo amor,

contigo me quedo.

Gelatina

Me siento gelatina entre tus manos.
Maleable y transparente.
Sé que no me adivinas, me sabes,
tan bien como me conozco a mí misma.

Me ves y en un instante te das cuenta
si voy o vengo y eso me asusta.
Jamás pensé ser tan vulnerable.
Y aunque sea lógica mi desconfianza
sé que no te gusta.
Me pongo en tus zapatos...
¡Dios mío, casi me quedan!
Y te concedo la razón completa.

Te das, me doy,
y juntos nos damos cuenta
de que esta mujer que te entrego es defectuosa.
Está quebrada en pedacitos, ten cuidado.
Pero ten también confianza en los dos.
A pesar de estar quebrada
te la entrego completita.
Te digo que ya no hay más que dar
y no te miento.
Lo cual no quiere decir
que no queden reservas.
De amor, de fe, de mil sorpresas.

Pero el hoy es todo lo que tengo,
lo único seguro que me queda;
aparte claro está,
de este amor en complicidad,
de esta felicidad que no cesa.

Por ahora mi credo de protesta es corto:
No creo en santa clós, en príncipes azules
ni en hadas madrinas.
No creo en la llorona, el jinete sin cabeza,
ni en el amor a primera vista.
No creo en la inocencia
ni en la maldad completa;
no le tengo fe a la medicina.
Pero tampoco creo, cariño de mi vida,
que llegue el día en el que te vea
y no de gracias a mi padre celestial
por hacer realidad mi fantasía
de traerte a mí, así como lo hizo,
de habernos hecho tan a la medida...

Mapa De Besos

De tu cuerpo a mi cuerpo
existe una distancia de dos manos.

Treinta besos desde mi boca hasta tu ombligo,
y una mirada indiscutible
que propicia el tiempo
para sembrarte una caricia en las costillas.

Sigue regando de amor mis primaveras,
mi corazón ambicioso que te espera
cada día desde que amanece hasta que llegas, y
te acercas
entre torrentes de no sé qué
y de no sé cuando,
y nada importa
solo mi mapa de besos y tus manos.

Mi Escape

Mi escape merece una explicación
o mejor aún, una definición.
Cuando digo escape quiero decir retiro no huída,
quiero decir soledad consciente, no vil cobardía.

Mi escape implica el dolor auto-infligido
que requiere un sacrificio,
no un acto masoquista y placentero.
Me voy al lugar donde recuerdo quien soy,
o mejor aún, quien quiero ser:
quiero ser limpia, sabia, libre,
íntegra, transparente, irreprochable.
Quiero ser mi mejor amiga.

Pero para serte franca,
todavía te amo (y creo que siempre lo haré.)
Todavía pienso en ti
(y creo que nunca dejaré de hacerlo)

Ignorando como reconciliar el deseo con la
realidad,
de que coincidan sentimiento y juicio,
desaparecí…
sabiendo que aún estamos,
pensándonos como siempre a pesar de la
distancia.

Mi Faro

Haberte conocido
ha cambiado mi vida.
Tanto que nunca volveré a ser la misma.

Has marcado mi corazón como un tatuaje.
Te llevo prendido al alma cual perfume.

Tu sonrisa es mi pan de cada día,
y tu amor un faro
en medio del océano de mi vida.

Tus ojos son dos soles que me queman,
que iluminan haciendo que brille
de adentro de mi ser la niña,
la niña que nadie ve,
pero que tus ojos miran.

¿Regalo? ¿Bendición de Dios? ¿O gracia
inmerecida?

Solo sé que tu amor llegó,
y con el cambió toda mi vida.

Otra Noche

¿Estás bien amor?
Preguntas a deshoras de la madrugada,
y pretendiendo estar dormida me quedo callada,
y me arrimo a ti mientras me da vueltas el alma, de fe, de amor,
de una ternura insospechada.

Apenas puedo creerlo corazón,
estás aquí, abrazado a mí,
real y vulnerable, compartiendo mi cama.
Y te amo sí, a estas horas de la madrugada.

Así que aunque tarde,
y contestando tu pregunta:
estoy mejor que nunca
porque tú me acompañas,
porque soy una entre tus brazos,
simplemente una mujer enamorada,
que a tu lado también vela callada,
las noches buenas y también las malas.

Pensar En Par

En par vivimos, convivimos, nos amamos.
De a dos dormimos, comemos, nos bañamos.

Pero no hemos conseguido todavía,
(y tú estarás de acuerdo)
hacer que nuestras mentes se hagan una,
y piensen al compás del sentimiento de amor que
nos embarga el alma.

Y pensamos como dos autómatas,
egoístas, grises, prácticamente solitarios.

Y de esa triste soledad
nace una pequeña consecuencia,
y los dos la vemos crecer ensimismados,
la vemos herir al otro y aturdidos
nos volcamos en reproches:
que si tú, que si yo, que ignoramos el porqué,
que si esto, que si el otro y al final,
también en par peleamos.

Y concluimos en par que nos amamos,
que no vale la pena discutir,
y al unísono de un beso (casi como regla)
se nos olvida la pelea
y nos reconciliamos.

Piedra Angular

Prometo ser fundamental.
La roca fuerte que sostiene la pluma
y solo si tú quieres también viceversa.

Para que cuando me necesites, niño,
no te la pienses ni tres cuartas partes de segundo
y sepas que aquí esta tu piedra.
Preciosa o de molcajete,
pero siempre aquí.

Porque has de saber pequeñuelito,
que antes de que sintiera
tu trasero el primer golpe
yo ya estaba aquí. Esperándote impaciente.
Librememente imaginándome tus rasgos
y te vi venir,
igualito como eres.

Amor a primera vista,
¡quién se hubiera imaginado!
que una cosita como tú, barrigoncita,
me tuviera comiendo de su mano.

Para siempre amorcito, para siempre,
como roca, como pluma o molcajete
seré tuya.

Pienso

Yo pienso que es mejor ver las estrellas de
cerquita.
Que si fuera vaca me cansaría de masticar tanto.
Pienso que tener un verdadero amigo es un
milagro.
Pienso que los gatos son animales solitarios.
Pienso que yo pienso demasiado.

Y a veces como hoy también pienso en ti.
En que te amo.
En que es de noche, estiro la mano
y puedo tocarte.
Francamente cariño, este es otro milagro.

Me gusta pensar, mejor dicho,
rumiar tus besos...
traerlos a mi mente
y saborearlos nuevamente.
De éstos amor, nunca me canso.

Pienso que te estás volviendo mi mejor amigo,
quien me salva de la gente,
el que me rescata de la soledad.

Pienso en la ternura que te tengo,
en la paciencia que me das.

Pienso que yo pienso demasiado y es cierto,
pero también es cierto
que ya no te puedo pensar más.

Remedio Para La Desconfianza

Toma.
Envuélvete mi corazón como bufanda,
para que no tosas más y te caliente el pecho,
y para que retumbe mi latido entre tus sienes y
pienses fuertemente en mí.

Anda,
déjame que te frote el alma,
que quiero darle un masaje a tus recuerdos,
y como hojas secas se te caigan penas, temores y
malos pensamientos.

Basta
de tenerme tanta desconfianza
que ni yo soy una extraña
ni tú puedes ser tan conocido.

Serendipity

Apuesto a que un día se cruzaron las miradas
de dos perfectos extraños
que desde ese día en adelante
vivieron para conocerse,
aunque claro primero, para volverse a encontrar.
¡y que alegría fue haberlo logrado!
Sin el menor esfuerzo como todo lo demás.

Y aquí estamos hoy como dos ciegos,
a tientas palpándonos el alma
¿Serás tú?
¿Seré yo la que esperabas?

Sin pertenecernos aún,
tenemos el corazón de cheque en blanco,
y una cuenta larga de amores fracasados.

No importa nada –dices-,
este amor no tendrá pasado.
Tendrá solo un hoy,
una historia rosa que escribirse a diario.

Tienes razón- yo te contesto-
mientras tiro a la basura el calendario.

Todo Pasa

Pasa el tiempo como pasan
los fríos granizos rebotando en los cristales.

Pasan las risas, las caricias y los besos,
pasan como pasan las manos por los cuerpos.

Ha pasado el calor, el otoño y sus hojas.
Han pasado como pasan la playa con sus olas.

Pasaron las palabras, el llanto, la ternura,
los ríos, los océanos,
los charcos han pasado.

Han pasado las lluvias, tormentas y los truenos.
Pasaron las mañanas, las noches y los sueños.

Han pasado los hombres, los ancianos, los niños.
Han pasado el silencio, la palabra y los gritos.

Pasaron la violencia, la calma y el deseo,
pasaron como pasan los chismes y el veneno.

Como se pasa cuando no pasa nada.
Como cuando se pasa esperando pasar.
Paso dándome cuenta que no me pasa nada,
que me ha pasado mucho

y yo he pasado poco.

Pero de todas las cosas que pasan y no pasan
descubro que tú eres lo mejor,

lo mejor que me pasa.

De desamor

Antes y Después

¿Qué fuimos antes de tanto desenfreno?
Éramos el mimo, la caricia,
la palabra afable, todo el ánimo.
Henchidos de pasión nos comimos los labios,
y mudos después
con las manos nos hablábamos.

¿Qué somos después del frenesí
sino solo dos cuerpos?
Cansados, secos, transparentes,
distantes, cada uno en su universo
nos vemos y el placer
que nos arrebataba
nos ha abandonado,
y ahora estamos cada cual
satisfechos en su lado de la cama.

Inevitable

Inevitable es este amor
e irremediable el beso,
que espera mojado y solo
el momento en que te encuentre
descuidado.
Se te pasa, no te fijas
que estoy como limosnera
a la espera de un trozo de tu sonrisa,
un gesto, un abrazo,
¡por amor de dios, una caricia!

Y no es justo amor,
me estoy cansando
de mendigar amor,
de negociar respeto.

Y aunque respeto que no sepas
querer como me gusta que me quieran,
me gustaría que quisieras
aprender a amar de otra manera.

Mi Triste Rumba

Tú
tocando la guitarra.
Y yo
las cuerdas de mi corazón.

Yo
bailando con el alma.
Y tú
concentrado en tu canción.

Juro que te había escuchado
en un sueño o pesadilla
que sé yo...
y juro que te habría esperado
diez años, una vida,
o una eternidad mi amor.

A ti
el público te aclama,
y a mí
me acobarda el dolor,
al tirarte una rosa
y mirarla tirada
y ver que la pisas
como has pisado esta rumba...

mi triste rumba de amor.

Por Tu Culpa

Por tu culpa
se han perdido las estrellas en mis ojos.
Por tu culpa
las luciérnagas no alumbran,
los grillos ya no saltan más los montes.

Por tu culpa amor,
el sol se está apagando,
y yo con él... es por tu culpa.

Desde que no estás
cada catástrofe,
cada contrariedad,
cada problema,
te lo atribuyo a ti,
porque es tu culpa,
que la luna haya dejado de seguirme,
y que yo esté aquí,
así,
desprotegida...
a merced del mundo y sus problemas,
de la crueldad, las soledades,
a merced de la incertidumbre de mí misma.

Me pregunto
¿Cómo podrás vivir tú,

así tan culpable?

Pero aunque sea tu culpa,
no encuentro en mí inocencia,
si no más bien todo lo contrario.

Y al final
Cuando mi corazón te absuelve,
te amo como al principio de los tiempos,
Cuando nada de todo esto fue tu culpa.

Por Tu Indiferencia

Por este gran vacío de amor en que hace falta
el tacto de la caricia de tus manos.

Por este amargo dolor
que me produce el verte
ajeno a mi sentir,
lejano, cruelmente indiferente.

Por la apatía que tiene tu corazón
a este enfermo amor que me provocas,
he decidido partir sin rumbo fijo
en un viaje suicida y sin maletas.

No me digas adiós, dime hasta pronto
pues rápido me aburro corazón,
y en poco tiempo
me verás a tu lado de regreso,
aunque eso sí, no como siempre,
porque cuando se va el amor temo decirte,
aunque nuevamente junto a ti,
tendrás a una mujer muy diferente.

Un Cobarde Muy Valiente

No te dejo.
Aquí me quedo,
por estas dos grandes y pesadas…
razones de ego.

Ya me hartaste,
eso es cierto,
pero más me harta empezar
con otro…
cuento nuevo.

Ya te dije,
y lo sostengo,
o hasta aquí te llega lo cobarde,
o con otro valiente me vengo…

De dolor

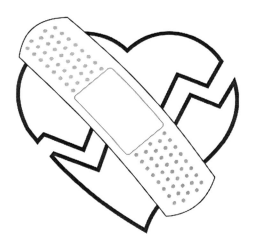

¡Al cuerno!

Que se deshagan las cosas
que me hicieron compañía,
y que destruya el silencio
toda mi melancolía.

Que me pisen el orgullo,
que se me enmugre la vida,
que se me rompan las manos
que me sangren las heridas.

Que nadie se fije en eso,
que me juzguen loca un día,
y que al final de los tiempos
digan que fue culpa mía.

Que descanse su conciencia,
que justifiquen su vida,
que se acabe su paciencia,
que yo acabe con la mía.

Que me anude la garganta
con lagrimas y saliva,
con palabras nunca habladas
y nudos de melancolía.

Auto-estima

Me tengo a mí.
Me tengo toda.

Lo pienso mientras me lamento
por estar tan sola

Mi mano acaricia mi cara
y me siento boba.

Eso de auto-abrazarse,
o que te alegre tu sombra,
me parece increíble, incoherente,
imposible hacerlo
sin creer que estoy loca

Credo De Protesta

Protesto en contra de los protestantes
que protestan en contra de la iglesia,
con tanta ignorancia, tanto desamor
que su voz se oye tosca, ronca, seca.

Protesto en contra de los que presumen
de tener la verdad completa.
Proselitistas amargados hablando de un amor
que en su prójimo jamás se manifiesta.

Protesto en contra de las sectas,
que para ganar al mundo se alejan,
pensando que eso decía Cristo
al referirse a la "puerta estrecha."

Protesto en contra del caparazón
que se han impuesto,
coraza de hipocresía que les impide
mirar su humanidad expuesta,
sanar heridas, descubrir vergüenzas,
y poder ser amados a pesar de todo,
con toda esa piedad que ellos profesan.

Duele

Duele aquí en el fondo de mi alma.
Duele justo abajo del abismo
donde se junta mi ego y la venganza,
duele con dolor agonizante
que me quiebra, me arrebata y me aprisiona.

Tratando de escapar sangran mis sueños,
de inocencia, de amor y me conformo
con rasgar las paredes de mi angustia,
con lamer las heridas de mi alma.

Pisada dignidad, justicia rota,
me aqueja la ansiedad
la esperanza se me agota,
no hay a donde voltear
todo está sucio,
todo duele, todo apesta
todo es mustio.

No quiero querer,
No quiero intentar,
No quiero llorar,
No quiero nada.

No quiero con todas las fuerzas de mi alma

La Mudanza de los Recuerdos

Casas.
Mentiras piadosas de hogares perdidos.
Oscuros lugares de tedio,
de risas y olvido.

Rincones amigos,
sombríos y queridos,
se alejan de mi alma dejando un vacío.

Jardines, cocinas, patios
y tristes pisados caminos.
Ciudades lejanas que acercan
recuerdos perdidos,
al corazón desolado que forma
su propio destino

Hogar es la palabra rota
Que en mi alma jamás se pegará.

Reconstruiré la esencia de la rosa...
pero ella jamás olvidará.

Infinita Tristeza

Infinita tristeza
de almohadas mojadas de llanto,
de lodo que huele a podrido,
de vida jodida de adentro,
de pastel envinado...

sin gota de vino.

Infinita locura
de niños gritando y pidiendo,
de abarrotadas agendas,
de fechas vencidas...

desde hace un siglo.

Infinita amargura
de naves hundidas de olvido,
de canciones de odio,
de navajas blandas...

sin nada de filo.

Pesadilla

Si preguntan por mí diles que
hoy no estoy
y que mañana tu no sabes si lo esté.

Me siento poco y es que...
¿sabes?
claro, es que tú tampoco sabes,
porque ayer también (o como siempre)
trasnoché llorando (al final sin lágrimas)
deshidratada y hueca,
muda de dolor (o de impotencia)
te maldecía cien veces (me maldecía doscientas)
y me quedé dormida
y al dormir (qué más va a ser)
soñé despierta.

De esperanza

A La Muerte

Puerta que me conduce a incertidumbre…
¡Ya no mas!

Ventana que me lleva a gloria eterna,
camino que conduce al infinito,
en el cual encontraré mi casa,
la cual desde el pecado había perdido.

¿Temor? Ya no te tengo
¿Buscarte? Ya no te busco.
Ni te anhelo ni te necesito.

Espero. Te espero con paciencia,
y a veces la impaciencia
me lleva a recordarte.
Pero nunca a llamar para que vengas,
pues no me siento lista para verte.

Porque cuando vengas por mí quiero estar lista.
Tener en orden lo que llamo vida,
preparar con cuidado mi equipaje,
y que cuando llegue la hora,
halles en mi boca una sonrisa.

Instante Eterno

Apenas soy un instante.
Un abrir y cerrar de eternidad.
Pero ya dejo huellas continúas,
incontables pisadas en fila
que huelen a cal.

Apenas doy vuelta al mundo
y llego cansada al final,
y de un trago me tomo la vida
y a no sé ni quién le pregunto si hay más.

Apenas vengo sintiéndome viva
y el tambor en mi pecho se entona,
y a prisa retumba por dentro
este himno personal:

"Tum tum tum que rica la vida,
tum tum tum que no hay nada igual,
tum tum tum de entrada o salida,
tum tum tum disfrútala igual"

Plena

Me gusta despertar y sentirme cansada,
pensando en las múltiples tareas que haré,
y sonreírle al sol cuando quema en la cara,
y recordar mi infancia tomando café.

Desafiar al mundo con una palabra,
consciente que hay cosas que aún yo no sé.
Al sentirme indecisa quedarme sentada,
y siempre tener algo que aprender.

Me gusta caminar desnuda en la casa,
desvestir vergüenzas, sentirme mujer.
No mirar mis defectos como una amenaza,
sino como oportunidades de crecer.

Sentirme pequeña al mirar la grandeza
de aquello que aún no puedo entender,
y sentirme plena al saberme segura
que soy ser humano antes que mujer.

Soñar Con Tarugadas

He vuelto a pintar de azul mis sueños.
Aunque también podría decirse
que simplemente,
he dejado de soñar con tarugadas,
y que a pincelazo limpio
me divierto mientras ronco.

Solo sé que despertar cansada,
con los dedos chorreando de colores
y una risa que no se borra de la cara,
son mas que razones para creer que...

bueno, sí, te has dado cuenta...
¡sigo soñando tarugadas!

Agradecimientos

El apoyo y la ayuda merecen una mención especial, especialmente si vienen de personas bueno... especiales, por no encontrar mejor palabra.

A mi familia, por ser un apoyo y la fuerza que me mueve. Su amor es el que me carga de energía y sin él ni este libro, ni yo misma existiría.

Agradezco a mis amigas, por tomarse el tiempo para revisar los poemas, por escucharme hablar incansablemente de ellos y por todo el ánimo que me brindaron, pero sobre todo, por estar en mi vida y hacerla mucho más interesante y divertida.

Gracias también a las personas que revisaron los poemas, dándome valiosas ideas y sugerencias para éste libro ¡gracias por su generosidad!

CPSIA information can be obtained at www.ICGtesting.com
Printed in the USA
LVOW060808021211

257435LV00001B/16/P